This Journal Belongs to:

_____

_____

_____

_____

_____

Month at a Glance

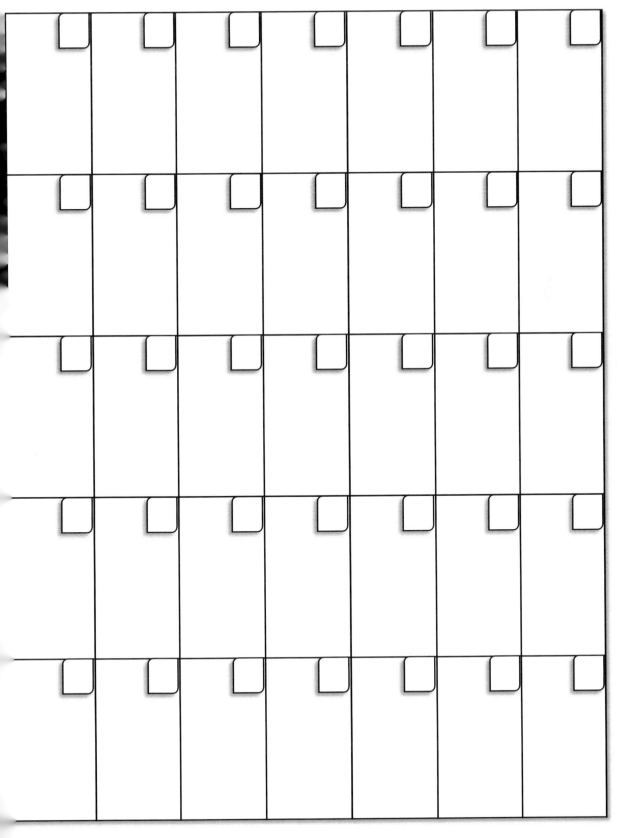

Month at a Glance

Month at a Glance

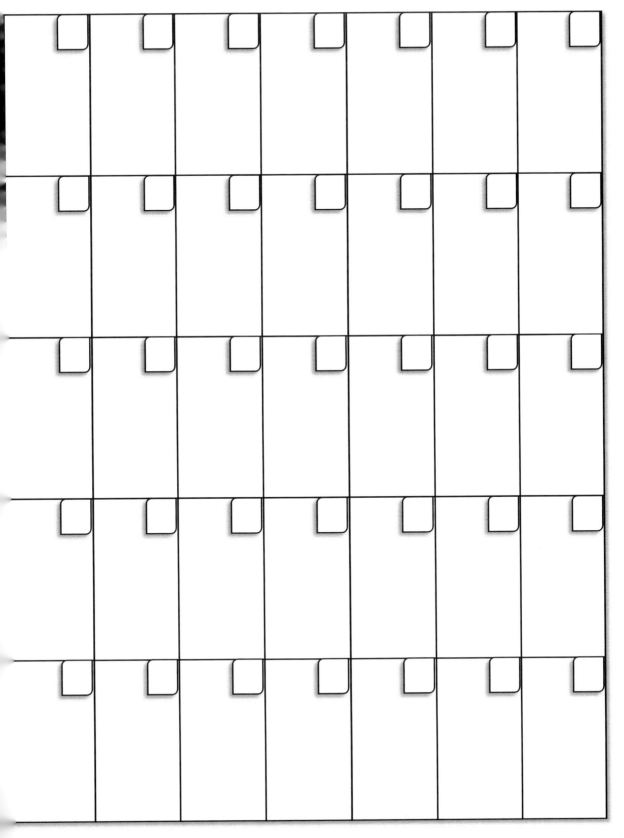

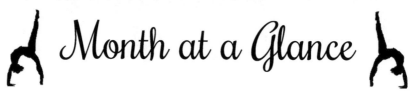

Month at a Glance

Month at a Glance

Month at a Glance

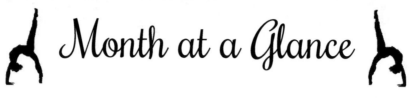

Month at a Glance

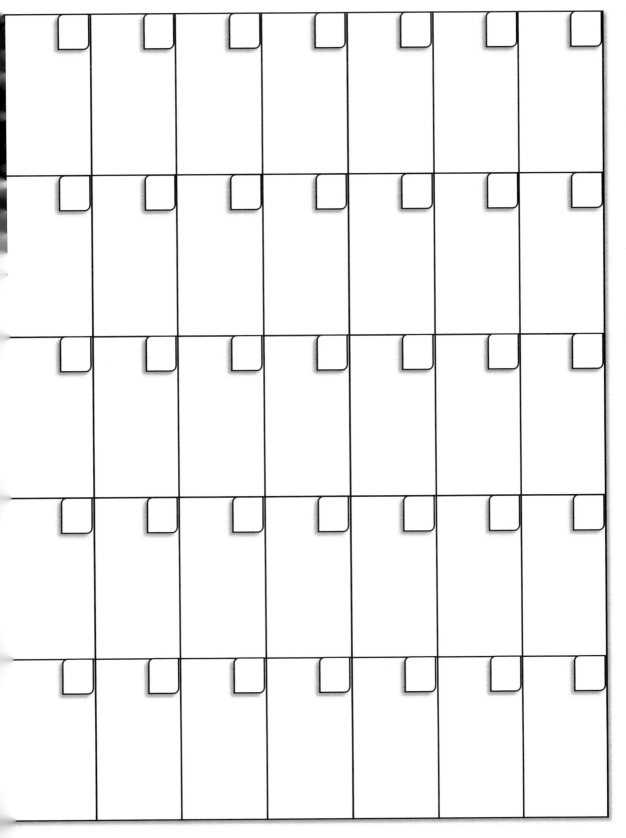

Month at a Glance

Month at a Glance

Month at a Glance

Month at a Glance

Month at a Glance

MEET SHEET

Date:_____   Location:_____

Level: _____   Team: _____

Event	Score	Place	Rating
Bars			
Beam			
Vault			
Floor			

Highlight: _____   Goals For Next Time: _____

_____   _____

_____   _____

_____   _____

_____   _____

_____   _____

_____   _____

Date: _____

Today at the Gym I...

_____
_____
_____
_____
_____
_____
_____

My Goal for Next Time is...

_____
_____
_____
_____
_____
_____
_____
_____

Date: _____

Today I'm Grateful For...

_____
_____
_____
_____
_____
_____
_____

Today I Learned...

_____
_____
_____
_____
_____
_____
_____
_____

Lightbulb Moments

Date: _____

Three Awesome Things That Happened...

1. _____
_____

2. _____
_____

3. _____
_____

GYMNAST

My Favorite Memory...

_____
_____
_____
_____
_____
_____
_____
_____

Notes

MEET SHEET

Date:_____   Location:_____

Level:_____   Team:_____

Event	Score	Place	Rating
Bars			
Beam			
Vault			
Floor			

Highlight:_____   Goals For Next Time:_____

_____ | _____

_____ | _____

_____ | _____

_____ | _____

_____ | _____

_____ | _____

Date: _____

Today at the Gym I...

_____
_____
_____
_____
_____
_____
_____

My Goal for Next Time is...

_____
_____
_____
_____
_____
_____
_____

Date: _____

Today I'm Grateful For...

_____
_____
_____
_____
_____
_____
_____

Today I Learned...

_____
_____
_____
_____
_____
_____
_____
_____

Lightbulb Moments

Date: _____

Three Awesome Things That Happened...

1. _____
_____

2. _____
_____

3. _____
_____

My Favorite Memory...

GYMNAST

_____
_____
_____
_____
_____
_____
_____

Notes

MEET SHEET

Date:_____ Location:_____

Level: _____ Team: _____

Event	Score	Place	Rating
Bars			
Beam			
Vault			
Floor			

Highlight:_____ Goals For Next Time:_____

_____ _____

_____ _____

_____ _____

_____ _____

_____ _____

_____ _____

Date: _____

Today at the Gym I...

_____

_____

_____

_____

_____

_____

_____

My Goal for Next Time is...

_____

_____

_____

_____

_____

_____

_____

Date: _____

Today I'm Grateful For...

_____
_____
_____
_____
_____
_____
_____

Today I Learned...

_____
_____
_____
_____
_____
_____
_____
_____

Lightbulb Moments

Date: _____

Three Awesome Things That Happened...

1. _____
_____

2. _____
_____

3. _____
_____

My Favorite Memory...

GYMNAST

_____
_____
_____
_____
_____
_____
_____
_____

Notes

MEET SHEET

Date:_____   Location:_____

Level: _____   Team: _____

Event	Score	Place	Rating
Bars			
Beam			
Vault			
Floor			

Highlight: Goals For Next Time:

_____   _____

_____   _____

_____   _____

_____   _____

_____   _____

_____   _____

_____   _____

Date: _____

Today at the Gym I...

_____

_____

_____

_____

_____

_____

_____

My Goal for Next Time is...

_____

_____

_____

_____

_____

_____

_____

Date: _____

Today I'm Grateful For...

_____

_____

_____

_____

_____

_____

_____

Today I Learned...

_____

_____

_____

_____

_____

_____

_____

Lightbulb Moments

Date: _____

Three Awesome Things That Happened...

1. _____

_____

2. _____

_____

3. _____

_____

My Favorite Memory...

GYMNAST

_____

_____

_____

_____

_____

_____

_____

Notes

MEET SHEET

Date: _____ Location: _____

Level: _____ Team: _____

Event	Score	Place	Rating
Bars			
Beam			
Vault			
Floor			

Highlight: _____ Goals For Next Time: _____

_____

_____

_____

_____

_____

_____

_____

Date: _____

Today at the Gym I...

_____
_____
_____
_____
_____
_____
_____

My Goal for Next Time is...

_____
_____
_____
_____
_____
_____
_____

I love GYMNASTICS

DOODLES

Date: _____

Today I'm Grateful For...

_____

_____

_____

_____

_____

_____

_____

Today I Learned...

_____

_____

_____

_____

_____

_____

_____

_____

Lightbulb Moments

Date: _____

Three Awesome Things That Happened...

1. _____
_____

2. _____
_____

3. _____
_____

My Favorite Memory...

GYMNAST

_____
_____
_____
_____
_____
_____
_____
_____

Notes

MEET SHEET

Date:_____   Location:_____

Level: _____   Team: _____

Event	Score	Place	Rating
Bars			
Beam			
Vault			
Floor			

Highlight:_____   Goals For Next Time:
_____   _____
_____   _____
_____   _____
_____   _____
_____   _____
_____   _____

Date: _____

Today at the Gym I...

_____
_____
_____
_____
_____
_____
_____

My Goal for Next Time is...

_____
_____
_____
_____
_____
_____
_____

Date: _____

Today I'm Grateful For...

_____
_____
_____
_____
_____
_____
_____

Today I Learned...

_____
_____
_____
_____
_____
_____
_____
_____

Lightbulb Moments

Date: _____

Three Awesome Things That Happened...

1. _____
_____

2. _____
_____

3. _____
_____

GYMNAST

My Favorite Memory...

_____
_____
_____
_____
_____
_____
_____
_____

Notes

cheety

Unicon

MEET SHEET

Date: 2019   Location: _____

Level: _____   Team: _____

Event	Score	Place	Rating
Bars			
Beam			
Vault			
Floor			

Highlight: _____   Goals For Next Time:

Date: _____

Today at the Gym I...

_____
_____
_____
_____
_____
_____
_____
_____

My Goal for Next Time is...

_____
_____
_____
_____
_____
_____
_____

Date: _____

Today I'm Grateful For...

_____
_____
_____
_____
_____
_____
_____

Today I Learned...

_____
_____
_____
_____
_____
_____
_____
_____

Lightbulb Moments

Date: _____

Three Awesome Things That Happened...

1. _____
   _____

2. _____
   _____

3. _____
   _____

GYMNAST

My Favorite Memory...

_____
_____
_____
_____
_____
_____
_____
_____

Notes

$2\overline{)18}$ 9

$7\overline{)42}$ 6

MEET SHEET

Date:_____ Location:_____

Level: _____ Team: _____

Event	Score	Place	Rating
Bars			
Beam			
Vault			
Floor			

Highlight:_____ Goals For Next Time:_____

_____ _____

_____ _____

_____ _____

_____ _____

_____ _____

_____ _____

Date: _____

Today at the Gym I...

_____

_____

_____

_____

_____

_____

_____

My Goal for Next Time is...

_____

_____

_____

_____

_____

_____

_____

Date: _____

Today I'm Grateful For...

_____
_____
_____
_____
_____
_____
_____

Today I Learned...

_____
_____
_____
_____
_____
_____
_____

Lightbulb Moments

Date: _____

Three Awesome Things That Happened...

1. _____
_____

2. _____
_____

3. _____
_____

GYMNAST

My Favorite Memory...

_____
_____
_____
_____
_____
_____
_____
_____

Notes

MEET SHEET

Date:_____   Location:_____

Level: _____   Team: _____

Event	Score	Place	Rating
Bars			
Beam			
Vault			
Floor			

Highlight:_____   Goals For Next Time:_____

_____

_____

_____

_____

_____

_____

Date: _____

Today at the Gym I...

_____
_____
_____
_____
_____
_____
_____

My Goal for Next Time is...

_____
_____
_____
_____
_____
_____
_____

I love GYMNASTICS

DOODLES

Date: _____

Today I'm Grateful For...

_____
_____
_____
_____
_____
_____
_____

Today I Learned...

_____
_____
_____
_____
_____
_____
_____
_____

Lightbulb Moments

Date: _____

Three Awesome Things That Happened...

1. _____
_____

2. _____
_____

3. _____
_____

GYMNAST

My Favorite Memory...

_____
_____
_____
_____
_____
_____
_____
_____

Notes

MEET SHEET

Date:_____ Location:_____

Level: _____ Team: _____

Event	Score	Place	Rating
Bars			
Beam			
Vault			
Floor			

Highlight:_____ Goals For Next Time:

_____

_____

_____

_____

_____

_____

_____

Date: _____

Today at the Gym I...

_____

_____

_____

_____

_____

_____

_____

My Goal for Next Time is...

_____

_____

_____

_____

_____

_____

_____

_____

Date: _____

Today I'm Grateful For...

_____
_____
_____
_____
_____
_____
_____

Today I Learned...

_____
_____
_____
_____
_____
_____
_____
_____

Lightbulb Moments

Date: _____

Three Awesome Things That Happened...

1. _____
_____
_____

2. _____
_____
_____

3. _____
_____
_____

My Favorite Memory...

GYMNAST

_____
_____
_____
_____
_____
_____
_____
_____
_____

Notes

MEET SHEET

Date:_____ Location:_____

Level: _____ Team: _____

Event	Score	Place	Rating
Bars			
Beam			
Vault			
Floor			

Highlight:_____ Goals For Next Time:

_____

_____

_____

_____

_____

_____

_____

Date: _____

Today at the Gym I...

_____
_____
_____
_____
_____
_____
_____

My Goal for Next Time is...

_____
_____
_____
_____
_____
_____
_____

Date: _____

Today I'm Grateful For...

_____
_____
_____
_____
_____
_____
_____

Today I Learned...

_____
_____
_____
_____
_____
_____
_____

Lightbulb Moments

Date: _____

Three Awesome Things That Happened...

1. _____
_____

2. _____
_____

3. _____
_____

GYMNAST

My Favorite Memory...

_____
_____
_____
_____
_____
_____
_____
_____

Notes

MEET SHEET

Date:_____   Location:_____

Level: _____   Team: _____

Event	Score	Place	Rating
Bars			
Beam			
Vault			
Floor			

Highlight:_____   Goals For Next Time:_____

_____   _____

_____   _____

_____   _____

_____   _____

_____   _____

_____   _____

Date: _____

Today at the Gym I...

_____

_____

_____

_____

_____

_____

_____

My Goal for Next Time is...

_____

_____

_____

_____

_____

_____

_____

Date: _____

Today I'm Grateful For...

_____
_____
_____
_____
_____
_____
_____

Today I Learned...

_____
_____
_____
_____
_____
_____
_____

Lightbulb Moments

Date: _____

Three Awesome Things That Happened...

1. _____
_____

2. _____
_____

3. _____
_____

GYMNAST

My Favorite Memory...

_____
_____
_____
_____
_____
_____
_____
_____
_____

Notes

Made in the USA
San Bernardino, CA
23 February 2018